DER NATIONAL GEOGRAPHIC EXPLORER

# BRÜSSEL

**Willkommen in Brüssel!**

Die Übersichtskarte zeigt die sechs großen Stadtteile von Brüssel. Praktische Tipps und Hinweise auf Feste und Ereignisse im Jahresrhythmus bieten zusätzliche Hilfe bei der Reiseplanung.

**Die Stadtteile im Überblick**

**A** Grand-Place / Îlot sacré

**B** La Monnaie / Cathédrale / Sainte-Catherine

**C** Bourse / Saint-Géry

**D** Marolles / Saint-Gilles / Ixelles

**E** Sablon / Mont des Arts / Quartier royal

**F** Quartier européen / Cinquantenaire

Jedes Kapitel bietet Adressen von Restaurants – geordnet nach Preiskategorien –, Cafés, Bars und Läden sowie eine Auswahl an Sehenswürdigkeiten mit Stern (★), die Sie auf der Stadtteilkarte leicht wiederfinden.

**Verkehrsmittel und Hotels in Brüssel**

Nützliche Informationen zu öffentlichen Verkehrsmitteln sowie eine Auswahl an Hotels, geordnet nach Preiskategorien, ergänzen den Verkehrsnetzplan.

**Register**

Das alphabetisch geordnete Register verzeichnet alle im Führer genannten Straßen und Sehenswürdigkeiten.

## Jugendstil

**Innovativer Stil**
Ende des 19. Jh. verbinden sich Gusseisen und Glas; die Linien werden verschlungener.
**Vorreiter**
Victor Horta (1861–1947) und Paul Hankar (1859–1901)
**Dominierende Kunstrichtung in Brüssel**
2000 Jugendstilfassaden finden sich vor allem in Ixelles und Saint-Gilles.
**Sgraffito**
Kratzputz, bei der Zeichnungen in die feuchte Putzschicht gekratzt werden.
**Musée Horta (D D4)**
**Jugendstil-Spaziergang (D D4)**

FRESKO BOULE UND BILL (ROBA) IN DEN MAROLLES

**Concours Reine Élisabeth**
→ *Ganzer Monat*
Anspruchsvollster internationaler Wettbewerb klassischer Musik in Belgien. Von Jahr zu Jahr wechselnd Klavier, Gesang etc.
**Zinneke Parade**
→ *8. Mai*
Musik, Kostüme, Umzüge, Festwagen ... ein buntes Volksfest!
**Brussels Jazz Marathon**
→ *3 Abende Mitte Mai*
Jazz in den Cafés der Stadt und auf der Grand-Place.
**Juni**
**Couleur Café**
→ *Letztes Wochenende*
Musikfestival mit afrikanischen, karibischen und lateinamerikanischen Beiträgen.
**Juli**
**Ommegang**
→ *1. Juli*
Historische Kostümparade vom Sablon bis zur Grand-Place in Erinnerung an Charles Quint.
**Klinkende Munt**
→ *1. Monatshälfte*
Von der Beursschouwburg bis zur Place de la Monnaie Open-air-Konzerte.
**Nationalfeiertag**
→ *21. Juli*
**August**
**Soirées Gazon**
→ *Alle Wochenenden*
Der Parc de Bruxelles wird zu einer riesigen Freiluft-Disko. DJs und mehrere Bars.
**Tapis de fleurs**
→ *Mitte August (gerade Jahre)*
Alle 2 Jahre wird auf der Grand-Place ein Blumenteppich aus mehr als 800 000 Begonien gelegt.
**Meyboom**
→ *9. August*
Das Brüsseler Volksfest schlechthin. Maibaum und Umzüge mit Stelzenmenschen.
**Festival Bellone Brigittines**
→ *Ende Aug.–Anf. Sept.*
Choreografie und Avantgarde-Theater in der Chapelle des Brigittines.
**September**
**Les Nuits Botanique**
→ *2. Monatshälfte*
Rock-Festival im Botanischen Garten. Auch eine Woche im Mai.
**Journées du patrimoine**
→ *3. Wochenende*
Rund 60 sonst geschlossene Baudenkmäler öffnen ihre Türen der Öffentlichkeit.
**Oktober**
**Modenschauen**
→ *Alle 2 Jahre am letzten Wochenende*
Modeschöpfer zeigen ihre neuen Kollektionen.
**Dezember**
**Weihnachtsmärkte**
→ *Anf. Dez.–Anf. Jan.*
Grand-Place und Place Sainte-Catherine.

## Essen

**Straßenstände**
**Pommes Frites**
Die besten der Welt verkaufen die »Fritures«.

## Belgisches Bier

International bekanntes Nationalgetränk!
**Lambics**
Brüsseler Spezialität: Fermentation bei niedriger Temperatur im Freien.
*Gueuze*: Mischung junger und alter Lambics.
*Faro*: mit Farinzuckerzusatz.
*Kriek*: Lambid mit eingelegten Kirschen.
**Klosterbiere (Les trappistes)**
Schon im Mittelalter von Mönchen gebrautes, sehr starkes Bier. Die berühmtesten sind Chimay, Orval, Mredsous, Leffe.
**Brasserie Cantillon (D A1)**

## Belgische Pralinen

Erstmals im 19. Jh. aus Kakaobohnen aus Belgisch-Kongo hergestellt. Weiße, helle und dunkle Sorten werden hierfür gemischt. Einige berühmte Chocolatiers führen das Handwerk bis heute fort: Godiva, Mary, Neuhaus, Wittamer, Marcolinis u.a.
**Musée du Cacao et du Chocolat (A B4)**

## Comic

In den 1920er Jahren von Hergé am Zeichenblock erfunden. Es folgten u. a. Jijé *(Blondin und Cirage)*, Morris *(Lucky Luke)*, Peyo *(Die Schlümpfe)* etc. Dieser Kunstform zu Ehren schmücken 18 mit Comiczeichnungen verzierte Fassaden die Stadt.
**Centre belge de la bande dessinée/Comic-Museum (B D3) Musée Jijé (C B3)**

# Willkommen in Brüssel!

**A** Grand-Place / Îlot Sacré

**B** La Monnaie / Cathédrale / Sainte-Catherine

**C** Bourse / Saint-Géry

**D** Marolles / Saint-Gilles / Ixelles

**E** Sablon / Mont des Arts / Quartier royal

**F** Quartier européen / Cinquantenaire

FASSADE IM FLÄMISCHEN STIL

## Fakten

- Belgische Hauptstadt
- Großraum Brüssel: 19 Gemeinden
- 1 Mio. Einw.
- 6 Mio. Besucher/Jahr
- Offizielle Verkehrssprachen: (wallonisches) Französisch und Flämisch

BRÜSSEL UND UMGEBUNG

## Stilepochen

**Brabanter Gotik (15.–Anfang 16. Jh.)**
Hochgotik in Brabant. Hôtel de Ville/Rathaus (**A** B3)
**Italo-flämischer Barock (17.–Mitte 18. Jh.)**
Italienischer Barock mit flämischen Traditionen. Grand-Place (**A** B3)
**Neoklassizismus (Ende 18. Jh.–Mitte 19. Jh.)**
Klare, von der Antike inspirierte Architektur. La Monnaie (**B** C4)
**Eklektizismus (Ende 19. Jh.)**
Mischung verschiedener Stilrichtungen, Vorreiter: J. Poelaert.
Palais de justice (**D** C2)

## Tourist-Informationen

**Brüssel online**
→ *brusselsinternational.be*
Website des Brüsseler Tourismusbüros.
Alles über die Stadt: Kulturveranstaltungen etc.
→ *tourismebelgique.com*
Website des Fremdenverkehrsamts von Flandern und Brüssel. Vielfältige Informationen.
→ *belgique-tourisme.net*
Tourismusbüro von Wallonien-Brüssel. Dokumentation zum Herunterladen.
**Tourismusbüro**
Bruxelles international – Tourisme et Congrès (**A** B3)
→ *Hôtel de Ville, Grand-Place Tel. 02 513 89 40, tägl. 9–18 Uhr (Okt.–Dez. So 10–14 Uhr, Jan.–Ostern: So geschl.)*
Broschüren und Stadtpläne. Hotelreservierungen zu ermäßigtem Preis für die gleiche Nacht (nur vor Ort möglich).
Filialen: Gare du Midi, Flughafen Bruxelles-National.

## Telefonieren

**Vorwahlen**
Von Deutschland, Schweiz, Österreich nach Brüssel:
0032 (für Belgien) + 2 (Vorwahl für Brüssel, ohne 0) + siebenstellige Nummer des Teilnehmers.
Von Brüssel nach Deutschland/Österreich/Schweiz:
0049/0043/0041 + Nummer des Teilnehmers (ohne 0).
Innerhalb Brüssels: 02 (Vorwahl) + siebenstellige Nummer des Teilnehmers
**Nützliche Nummern**
Feuerwehr und Ambulanz
→ *100*
Polizei
→ *101*
Notruf
→ *112*
Ärztlicher Notdienst
→ *02 479 18 18*
Zahnärztlicher Notdienst
→ *02 426 10 26*
Notapotheke
→ *0900 10 500*
Auskunft
→ *1307 (national)*
*1304 (international)*

## Geld

Cafés und kleine Restaurants akzeptieren häufig keine Kreditkarten. Die im ganzen Stadtgebiet verteilten Geldautomaten sind teilweise jedoch sehr knapp gefüllt.

## Festkalender

**Januar**
Antiquitätenmesse
→ *Ende Jan.–Anf. Feb.*
Palais des Beaux-Arts.
**Februar**
Festival Anima
→ *2. Monatshälfte*
Trickfilme in allen Variationen. Workshops, Vorführungen etc.
**März**
Ars Musica
→ *1. Monatshälfte*
Festival zeitgenössischer Musik in Flagey.
Festival du film fantastique
→ *Mitte März*
Im Auditorium der Passage 44. Zum Abschluss der berühmte Ball der Vampire.
**April**
Art Brussels
→ *5 Tage Anfang April*
Messe zeitgenössischer Kunst im Parc des Expositions (Heysel) mit mehr als 150 Galerien.
Quinzaine de la BD
→ *1. Monatshälfte*
Comic-Wochen: Ausstellungen, Workshops, Talentsuche etc.
**Mai**
KunstenFESTIVALdesArts
→ *Ganzer Monat*
Theater, Tanz, Bildhauerei, Musik, Kino ... die ganze kulturelle Bandbreite des heutigen Belgiens.

PARC JOSAPHAT
JOSAPHATPARK
BD LAMBERMONT - LAMBERMONTLAAN
RUE DES PALAIS
PALEIZENSTRAAT
CHAUSSÉE DE HAECHT
HAACHTSESTEENWEG
SCHAERBEEK
SCHAARBEEK
BD LEOPOLD III
LEOPOLD III-LAAN
CHAUSSÉE DE LOUVAIN
LEUVENSESTEENWEG
B
RUE ROYALE
KONINGSSTRAAT
Porte de Schaerbeek
Schaarbeekse-poort
PALAIS DE LA NATION
PALEIS DER NATIES
PARC DE BRUXELLES
Place du Trône
Troonplein
SAINT-JOSSE-TEN-NOODE
SINT-JOOST-TEN-NODE
F
CHAUSSÉE DE LOUVAIN - LEUVENSESTEENWEG
BD A. REYERS - A. REYERS LAAN
A3
SQUARE MARIE-LOUISE
SQUARE AMBIORIX
AV. DE CORTENBERGH - KORTENBERGLAAN
RUE DE LA LOI - WETSTRAAT
RUE BELLIARD - BELLIARDST
CONSEIL DE L'EUROPE
Rond-Point R. Schuman
PARC DU CINQUANTENAIRE
JUBELPARK
MUSÉE DE L'ARMÉE ET D'HISTOIRE MILITAIRE
MUSEUM VAN HET LEGER EN DE KRIJGSKUNDE
MUSÉE DU CINQUANTENAIRE
AVENUE DE TERVUEREN
TERVURENLAAN
PARLEMENT EUROPÉEN
PARC LÉOPOLD
AV. D'AUDERGHEM - OUDERGEMLAAN
BD ST-MICHEL
SINT-MICHIELSLAAN
ETTERBEEK
IXELLES
ELSENE
BD LOUIS SCHMIDT
LOUIS SCHMIDTLAAN
BD DU TRIOMPHE
UNIVERSITÉ LIBRE DE BRUXELLES
VRIJE UNIVERSITEIT VON BRUSSEL
BD GÉN. JACQUES - GEN. JACQUESLAAN
0 250 500 m
1/30 000 - 1 cm = 300 m

»Das schönste Theater der Welt« nannte Jean Cocteau die zu jeder Tageszeit lebendige Grand-Place. Sie bildet das Herz der Brüsseler Altstadt und begeistert stets aufs Neue. Den Barockfassaden stehen mit dem Rathaus und der Maison du Roi zwei gotische Kleinode gegenüber. Im Norden, in den belebten Gassen der îlot Sacré, verschmelzen Neonreklamen und Souvenirläden mit alten flämischen Häusern. Plötzlich ertönt hinter einer Biegung der fröhliche Lärm der Estaminets, wo seit Jahrhunderten das Bier in Strömen fließt. Im Süden stößt man auf den verschmitzten Manneken-Pis, Star aller Brüsseler Postkartenmotive.

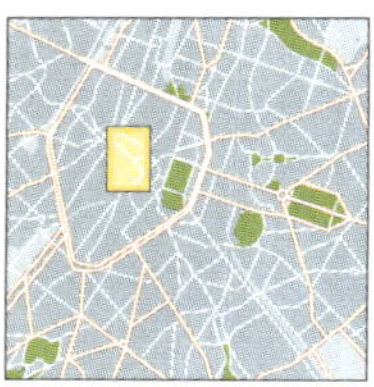

ARCADI

LA ROUE D'OR

## Restaurants

**Arcadi** (**A** D2)
→ *Rue d'Arenberg, 1b*
*Tel. 02 511 33 43, Mo–Fr 7.30–23, Sa–So 10–23 Uhr*
Köstliche hausgemachte Quiches und kleine mediterrane Gerichte. Für die Süßen: Nusskuchen mit Waldfrüchten oder weißer Schokolade. Gerichte 5–9 €.

**'T Kelderke** (**A** B4)
→ *Grand-Place, 15*
*Tel. 02 513 73 44, tägl. 12–2 Uhr*
Im hundertjährigen Kellergewölbe wird traditionelle belgische Küche serviert: Crevetten-Klößchen, überbackener Chicorée, Aal, köstliches Kriek-Bier-Sorbet. Im Sommer: Schöne Terrasse auf der Grand-Place. Gerichte 9–18 €.

**Ricotta & Parmesan** (**A** C2)
→ *Rue de l'Écuyer, 31*
*Tel. 02 502 80 82, Mo–Sa 12–14.30, 18.30–23 Uhr*
Carpaccio mit Trüffel-Tapenade und Parmesan, Blätterteig mit Scampi und Copa di Parma ... Die Raffinesse der italienischen Küche in gemütlichem Rahmen mit Töpfen und Geschirr an den Backsteinwänden. Gerichte 9,50–15 €.

**La Roue d'Or** (**A** B4)
→ *Rue des Chapeliers, 26*
*Tel. 02 514 25 54, tägl. 12–0 Uhr*
Ein Bierlokal aus der Belle Époque, das man nicht versäumen sollte! Lammhaxe mit Senfcreme und *stoemp* (Püree aus Kartoffeln und Gemüse) mit Bauernwürsten. Gerichte 12–22 €.

**Aux Armes de Bruxelles** (**A** C2)
→ *Rue des Bouchers, 13*
*Tel. 02 511 55 50, Di–So 12–23.15 Uhr*
Seit 1921 verwöhnt dieses Restaurant seine Stammgäste mit Hummerspezialitäten, den berühmten Muscheln (roh oder gekocht) und natürlich mit Pommes frites! Gerichte 13–24 €. Menüs 29,50 und 45 €.

## Cafés, Estaminets

**À l'Imaige Nostre-Dame** (**A** B2)
→ *Impasse des Cadeaux, 3*
*Tel. 02 219 42 49, Mo–Fr 12–0.30 Uhr (Mi 19.30 Uhr), Sa 14.30–1, So 16–0 Uhr*
Am Ende einer Sackgasse gelegenes Estaminet mit hundertjähriger Tradition. An rustikalen Tischen gibt es Klosterbiere, darunter das dunkle Affligem vom Fass.

L'IMAIGE NOSTRE-DAME

LE YOU

GALERIES ROYALES SAINT-HUBERT

**Goupil le Fol** (**A** B4)
→ *Rue de la Violette, 22*
*Tel. 02 511 13 96,*
*tägl. 19–5 Uhr*
Ein Ort wie aus einer anderen Zeit: Gewollt altmodisch mit halbdunklen Räumen und dicken Plüschsofas: Hier trifft man plaudernde Großmütter oder Studenten, die die Welt neu erfinden ... Im Hintergrund Chansons von Piaf, Bécaud und Gainsbourg.
**Kan'h** (**A** B5)
→ *Place de la Vieille-Halle-aux-Blés, 30*
*Tel. 02 502 00 07, Sommer Di–So 11–1, Sa 2 Uhr; Winter Di–Fr 16–1 Uhr, Sa 11–2, So 11–1 Uhr*
Mehr als ein Café, ein wahrer Lebensraum, verbindend und multikulturell: Mi afrikanische Klänge, Do Jazz-Improvisationen, Fr DJ-Rhythmen, Sa Szene-Gruppen und So sanfte Klänge, Gesellschaftsspiele und Gebäck für alle, die es lieber gemütlich haben!
**Le Cirio** (**A** A2)
→ *Rue de la Bourse, 18/20*
*Tel. 02 512 13 95,*
*tägl. 10–0 Uhr*
Man fühlt sich wie zu Beginn des 20. Jh.: Alte Fotos, Kellner im Frack. Bei Francesco Cirio hat sich seit 1886 kaum etwas verändert. Es gibt italienische Spezialitäten und *half-and-half*, eine Mischung aus Spumante und Weißwein.

## Bars, Clubs

**Dalí's Bar** (**A** C2)
→ *Petite rue des Bouchers, 35*
*Di–Sa 22–5 Uhr*
Ideal vor oder nach dem Essen, auf einen Cocktail oder für einen ganzen Abend. Eine der wenigen House-Bars der Stadt, in Anlehnung an Dalí dekoriert.
**Le Sud** (**A** C2)
→ *Rue de l'Écuyer 43/45*
*Fr–Sa 22.30–5 Uhr*
Disko in einem ehemals besetzten Haus. Geblieben sind der Kamin, zwei, drei verborgene Winkel und ein leichter Touch von Underground. Elektronische Musik (Disko, Rockabilly, Techno, Variété) und Fetenstimmung. Eintritt frei, Getränke zu fairen Preisen.
**Le You** (**A** C5)
→ *Rue Duquesnoy, 18*
*Tel. 02 513 92 08, Fr–Sa 23.30–6, So 16–23 Uhr*
Psychedelische Atmosphäre, Möbel aus den Siebzigern in Gelb-, Rosa-, Rot- und Grüntönen. Von der Hochebene aus kann man die Brüsseler Jugend beim Tanz zu Techno- und Groove-Rhythmen beobachten. So Tanztee, ein Muss in der Schwulenszene.

## Einkaufen

**Galeries royales Saint-Hubert** (**A** D2)
Luxuriöse Galerien im Neo-Renaissance-Stil (1847) mit anspruchsvollen Buchläden, mondänen Cafés und schicken Boutiquen, darunter die berühmte Chocolaterie Neuhaus des Erfinders der belgischen Pralinen. Außerdem gibt es ein Theater und ein Kino (Galerie Arenberg).
**Boutique Tintin** (**A** C3)
→ *Rue de la Colline, 13*
*Tel. 02 514 51 52,*
*Mo–Sa 10–18, So 11–17 Uhr*
Hergés kleiner Reporter ist längst zum gefragten Marketingobjekt geworden. Er erscheint hier als Schlüsselanhänger, Plastikfigur, auf T-Shirts und Krawatten. Einige Plakate und natürlich alle Tim- und Struppi-Hefte.
**Langhendries** (**A** B2)
→ *Rue de la Fourche, 41*
*Tel. 02 512 22 18,*
*Di–Sa 9.15–18 Uhr*
Eine feine Adresse, um belgischen Käse zu probieren: kleine Ziegenkäse mit Kräutern, Klosterkäse und der berühmte Rohmilch-Käse Herve, zu verkosten mit einem Sirup aus karamellisierten Birnen und Äpfeln.
**Dandoy** (**A** B3)
→ *Rue au Beurre, 31*
*Tel. 02 511 03 26,*
*Mo–Sa 8.30–18.30,*
*So 10.30–18.30 Uhr*
Hier wird das Handwerk der Keks- und Brotherstellung zum Stolz der ganzen Stadt seit 1829 fortgesetzt! Besonders köstlich: Butterspekulatius.
**Galerie Bortier** (**A** C5)
→ *Eingang Rue Saint-Jean, 17 oder Rue de la Madeleine, 55; Di–Sa 11–18 Uhr*
Eine enge überdachte Passage (19. Jh.) als Hort der Antiquariats-Buchhändler und aller Bibliophilen.
**Planète Chocolat** (**A** B5)
→ *Rue du Lombard, 24*
*Tel. 02 511 07 55, Mo–Fr 10–18.30, Sa–So 11–18.30 Uhr, Vorführungen Sa 16 Uhr*
Ein Chocolatier der Avantgarde, der neue Formen wagt und Kakao mit überraschenden Geschmacksnoten (Lakritz, Veilchen, Pfeffer etc.) verbindet. In der Probierstube wird hausgemachte heiße Schokolade serviert: köstlich!

# B

# La Monnaie / Cathédrale / Sainte-Catherine

**Nur flüchtig beachten die gestylten Jungen und Mädchen auf ihrem Weg durch Galerien und Modegeschäfte das ehrwürdige Théâtre Royale de la Monnaie. Weiter östlich bestimmt das Ballett der Geschäftsleute den Lebensrhythmus des abends völlig ausgestorbenen Viertels. Die Kathedrale umgeben Betonriesen – ebenso wie die Place de Brouckère, einst Treffpunkt der Brüsseler Intelligenz und mehrfach von Jacques Brel besungen. Im Westen gewinnen rund um das Beginenkloster wieder Ruhe und Charme der Altstadt die Oberhand, das Gleiche gilt für das Viertel Sainte-Catherine, wo sich früher Kanäle erstreckten und sich heute Fischrestaurants ausbreiten.**

BELGA QUEEN

À LA MORT SUBITE

## RESTAURANTS

**Exki** (**B** C3)
→ *Rue Neuve, 78*
*Tel. 02 219 19 91, Mo–Fr 8–18.30 (Sommer 19.30 Uhr); Sa 9–19 (Sommer 20.30 Uhr)*
Schnelle Verpflegung mit Frischem und Gesundem: Suppen, Quiches, Salate, Tartes etc. Gerichte 2,50–4 €.

**Meyboom** (**B** D3)
→ *Rue des Sables, 39*
*Tel. 02 219 55 99, Mo–Fr 12–14 Uhr*
Mittags drängen sich Arbeiter und Büroangestellte in dieser altmodischen, verrauchten Kantine nahe des Comic-Museums. Einfache Küche zu unschlagbar günstigen Preisen! Gerichte 5–8 €.

**Fantastico** (**B** E4)
→ *Rue de l'Enseignement, 71*
*Tel. 02 217 46 57, Mo–Fr 11.45–14.30 Uhr, Mitte Juli–Mitte Aug. geschl.*
Ein typisch italienisches Restaurant, zur Essenszeit quirlig und völlig überfüllt. Pizza, Pasta, Ossobuco milanese und schließlich Tiramisu und Cappuccino wie in Italien!
Gerichte 7–15,50 €.

**L'Achepot** (**B** A3)
→ *Place Sainte-Catherine, 1*
*Tel. 02 511 62 21, Mo–Sa 12–14.30, 18.30–22.30 Uhr*
Ein nettes Bistro, dessen kulinarischer Schwerpunkt auf Fleischgerichten liegt. Zu empfehlen: Rindfleisch in Tomaten-Kognak-Sauce, dazu ein guter französischer Wein. Gerichte 10–14 €.

**Le Vistro** (**B** A3)
→ *Quai aux Briques, 16*
*Tel. 02 512 41 81, Mo–Fr 12–14.30, 19–0 Uhr; Sa 19–0 Uhr*
Hinter der winzigen Fassade gelangen Comic und Fisch zu neuen Ehren – ersterer in der Dekoration, letzterer auf dem Teller: Hummersuppe mit Cognac, Scampi-Räucherpfanne ... Gerichte 15–27 €, Menüs 15 und 20 €.

**Belga Queen** (**B** C4)
→ *Rue du Fossé-aux-Loups, 32 ; Tel. 02 217 21 87, tägl. 12–14.30, 19–0 Uhr*
Der einstige Crédit du Nord hat sich in einen Restaurant-Tempel im coolen, derzeit angesagten Stil verwandelt. Den Rahmen schuf Antoine Pinto, ein Kenner auf diesem Gebiet. Die innovative Küche basiert auf belgischen Traditionen. Austern-Bar, Bier-Theke und Rauchersalon. Gerichte 16,50–30 €.

E ULTIEME HALLUCINATIE

DANIEL OST

MARY

**Alban Chambon** (**B** B3)
→ *Place De Brouckère, 31*
*Tel. 02 217 23 00, Mo–Fr 12–14.30, 19–22.30 Uhr*
Im Restaurant des Nobel-Hotels Métropole kann man ein raffiniertes Dinner in üppigem Dekor genießen. Zu empfehlen: Das Menü »Caprices du chef« mit Wein und Kaffee für 39 €. Gerichte 28–45 €.

## Cafés

**À la Mort subite** (**B** C4)
→ *Rue de la Montagne-aux-Herbes-Potagères, 7*
*Tel. 02 513 13 18, Mo–Fr 11–1, Sa–So 13–0 Uhr*
Die berühmte Brasserie ist eine Art heilige Stätte der Brüsseler Gesellschaft. Seit 1910 stillen hier verschiedene Lambics den Durst der Einheimischen. Kenner genießen sie mit einem Quarkbrot.

**Bier Circus** (**B** E4)
→ *Rue de l'Enseignement, 89*
*Tel. 02 218 00 34, Mo–Fr 12–14.30, 18–0 Uhr*
Alte Plakate und Bierdeckel an den Wänden verleihen dieser Bar den Charme eines kleinen Biermuseums. Chouffe, Chimay, Dupont, auch mit Honig ... Die Karte umfasst mehr als 200 Sorten!

**De Ultieme Hallucinatie** (**B** F1)
→ *Rue Royale, 316/Saint-Josse, Tel. 02 217 06 14, Mo–Fr 11–2, Sa 16–2 Uhr*
Hinter der Eingangshalle dieses wunderbaren Jugendstilhauses (1904) schließt sich an ein schickes Restaurant eine flämische Brasserie im überdachten Garten an. Ideal für ein Gläschen zum Genießen entweder auf Eisenbahnbänken aus den 1930er Jahren oder auf der dahinter gelegenen Terrasse.

**Le Corbeau** (**B** C3)
→ *Rue Saint-Michel, 18*
*Tel. 02 219 52 46, Mo–Sa 10–1, Fr–Sa bis 6 Uhr*
Unter der Woche ein normales Café, in dem es Bier aus sogenannten »Chevaliers« – reagenzglasförmigen Gläsern – gibt. Am Wochenende eine heiße Bar voller Studenten, die ihren Cocktail auf Tequila-Basis schlürfen. Man tanzt zur laut aufgedrehten Musik!

**De Markten** (**B** A3)
→ *Rue du Vieux-Marché-aux-Grains, 5;*
*Tel. 02 514 66 04, tägl. 11–23, So bis 18 Uhr*
Hier kommt kein aufdringlicher Kellner – ganz in Ruhe kann man lesen oder mit anderen diskutieren. Die Terrasse zum Platz hin ist ideal zum Frühstücken und Salatessen.

## Bars, Konzerte

**La Tentation** (**B** B3)
→ *Rue de Laeken, 28*
*Tel. 02 223 22 75, Mo–Fr 9–0, Fr bis 2 Uhr, Sa–So 18–0, Sa bis 2 Uhr*
Ein ehemaliges Kaufhaus wurde zur Trend-Bar und zum Schaufenster des Centre Culturel de la Galice. Konzerte mit traditioneller Musik, lateinamerikanische Feten, Flamenco- und Tangokurse und sonntags wilden Salsa-Abenden.

**Magasin 4** (**B** B2)
→ *Rue du Magasin, 4*
*Tel. 02 223 34 74*
Konzerthalle in einem alten Lagerhaus, Plattform der alternativen Rock- und Reggae-Szene. Mehrfach im Monat Drum'n'bass-Abende.

## Einkaufen

**Caroline Music** (**B** B4)
→ *Passage Saint-Honoré, 20*
*Tel. 02 217 07 31, Mo–Sa 10–18.30, Mo bis 18 Uhr*
Große Auswahl an CDs mit Independant-Rock von den 1960er Jahren bis heute. Beratung zur belgischen Musikszene und Konzertkarten.

**Daniel Ost** (**B** E4)
→ *Rue Royale, 13*
*Tel. 02 217 29 17, Mo–Sa 9.30–18.30 Uhr*
Ein wahrer Augenschmaus: Florale Kunstwerke, angesiedelt zwischen Belgien und Japan, von einem Floristen, der die Hochzeiten der belgischen Prinzen ausstattet. Jugendstilfassade von Paul Hankar (1896).

**Mary** (**B** E4)
→ *Rue Royale, 73*
*Tel. 02 217 45 00, Mo–Sa 9.30–18 Uhr*
Knusprige Nougatpralinen, zart schmelzende Trüffel und Kakao im Überfluss: Seit 1919 beliefert Mary, für ihre dunkle Schokolade berühmt, den belgischen Hof.

## Kunstgalerie

**Galerie Meert Rihoux** (**B** B2)
→ *Rue du Canal, 13 (3. Etage)*
*Tel. 02 219 37 21, Di–Sa 14.30–18 Uhr*
Eine Galerie in klarem Design, in der Vertreter der Konzept- und Minimalkunst ausstellen.

**Hinter der Börse und dem imposanten Boulevard Anspach breitet sich das Viertel Saint-Géry aus, Wiege des mittelalterlichen »Brouscella«, das hier an einer Biegung der Senne entstand. Lange vernachlässigt, dann von Künstlern und jungen Designern der Rue Dansaert entdeckt, pulsiert heute in Saint-Géry das multikulturelle Leben. Das Viertel Saint-Jacques erstreckt sich weiter südlich rund um die Rue du Marché-au-Charbon und steht seinem Nachbarn an Lebendigkeit in nichts nach: Flippige Boutiquen und schwule Friseurgeschäfte finden sich neben belebten Cafés, Szene-Kneipen und anderen Tempeln des Brüsseler Nachtlebens.**

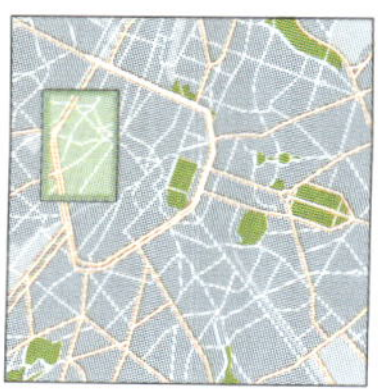

IN'T SPINNEKOPKE

COMME CHEZ SOI

## Restaurants

**Tapas Locas** (**C** D5)
→ *Rue du Marché-au-Charbon, 74*
*Tel. 02 502 12 68, Mi–So 18–0, Fr–Sa 18–1 Uhr*
Für den kleinen Hunger und ebensolchen Geldbeutel gibt es hier kleine Portionen südländischer Vorspeisen mit viel Paprika, Auberginen und Olivenöl. Chorizo, Serrano-Schinken und spanische Tortilla. Tapa 2,50 €.

**Da-Kao** (**C** C3)
→ *Rue Antoine-Dansaert, 38; Tel. 02 512 67 16, tägl. 12–15, 18–0 Uhr, Sa–So durchgehend geöffnet*
Kleine vietnamesische, immer gut besuchte Kantine mit 120 verschiedenen Gerichten der südost-asiatischen Küche: Gebratene Nudeln, glasierte Ente, Ravioli, Hühnchen mit Zitronenkraut etc. Und das alles zu sehr moderaten Preisen! Gerichte 4,50–10 €.

**La Cigogne** (**C** B2)
→ *Rue Antoine-Dansaert, 78*
*Tel. 02 502 87 42, Di–Fr 12–14.30, 18.30–22 Uhr, Sa 12–14.30 Uhr*
Rund zwölf Tische, oftmals von den Stammgästen besetzt, und je nach Jahreszeit wechselnde Bistrogerichte auf der Karte. Jeden 3. Freitag im Monat kleine Blueskonzerte. Gerichte 6,50–15,50 €.

**Fin de Siècle** (**C** C4)
→ *Rue des Chartreux, 9*
*tägl. 16.30–1 Uhr*
Entspannte Atmosphäre und eine lockere Bedienung in diesem belebten Café. Auf der Tafel: Kaninchen mit Kriek und ein iranisches Lammgericht mit Anis, Zitrone und Tomaten. Gerichte 8–13 €.

**Comocomo** (**C** C3)
→ *Rue Antoine-Dansaert, 19*
*Tel. 02 503 03 30*
*tägl. 12–15, 19–23 Uhr*
Pintxos wie in den baskischen Bars. Kleine Pasteten, immer frisch zubereitet, nimmt man, auf Barhockern sitzend, vom Laufband und isst sie mit den Fingern. Offene spanische Weine. *Pintxo* 2,50 €, Menü mit 6 *Pintxos* 12–13 €.

**In't Spinnekopke** (**C** B4)
→ *Place du Jardin-aux-Fleurs, 1; Tel. 02 511 86 95 Mo–Fr 12–15, 18–23 Uhr, Sa 18–23 Uhr*
Nettes flämisches Gasthaus aus dem 18. Jh. Genießen Sie Großmutters gute Küche mit Fleisch, das in Biersoße schwimmt. Im Sommer große Terrasse auf dem Platz. Gerichte 11–19 €.

AU SOLEIL

ESPACE BIZARRE

PRIVEJOKE

**Comme chez Soi** (**C** C6)
→ *Place Rouppe, 23*
*Tel. 02 512 29 21, Di–Sa 12–13.30, 19–21.30 Uhr*
Zweifellos das erste Haus in Brüssel. Köstliche Zutaten – gegrillter Seebarsch auf Kräutern, Rinderfilet mit schwarzen Trüffeln, zu genießen in einem tollen Jugendstilsaal oder in der Küche. Gerichte 32–95 €.

## Cafés

**Greenwich** (**C** C4)
→ *Rue des Chartreux, 7*
*Tel. 02 511 41 67, tägl. 10.30–1 Uhr*
Treffpunkt der Brüsseler Schachspieler, stilecht in gedämpfte Stille getaucht. Hier verkehrte einst auch Magritte. Ein Café scheint der Zeit der Schwarz-Weiß-Filme entsprungen zu sein!

**Le Cercle des Voyageurs** (**C** D5)
→ *Rue des Grands-Carmes, 18; Tel. 02 514 39 48, tägl. 11–1 Uhr*
Ein Café für Weltenbummler: Kleine Gerichte aus aller Welt, neuseeländischer und kanadischer Wein, Ausstellungen, orientalischer Tanz, Salsa-Kurse...und das Motto: »Um ein Land zu lieben, muss man dort trinken, essen und es singen hören.« Nebenan eine Reisebuchhandlung.

**Au Soleil** (**C** D5)
→ *Rue du Marché-au-Charbon, 86; Tel. 02 513 34 30, Mo–Do, So 10–0 Uhr, Fr 10–1, Sa 11–1 Uhr*
Das beliebte Café bietet die schönste Terrasse des Viertels. Beim ersten Sonnenstrahl werden die Tische in die kleine Fußgängerzone gestellt.

**La Fleur en Papier doré** (**C** D6)
→ *Rue des Alexiens, 53/55*
*Tel. 02 511 16 59 tägl. 11–0, Fr–Sa 11–1 Uhr*
Dieses Estaminet aus dem Jahr 1843 war einst Treffpunkt der Surrealisten. Dichter, alte Stammgäste, Studenten und Touristen genießen hier das günstigste Bier in der Stadt!

## Bars, Kulturzentren

**L'Archiduc** (**C** C3)
→ *Rue Antoine-Dansaert, 6*
*Tel. 02 512 06 52, tägl. 16–5 Uhr; Konzerte: Sa–So 17 Uhr*
Zur Institution gewordene Jazzbar aus dem Jahr 1937, auch unter der Woche nachts geöffnet, was in Brüssel selten ist. Spät trinken hier Nachtschwärmer und Künstler ein Bourbon. Zwischen Säulen das legendäre Klavier, auf dem Mal Waldron improvisierte.

**Mappamundo** (**C** C4)
→ *Rue du Pont-de-la-Carpe, 2; tägl. 11–1.30 Uhr, Fr–Sa 11–3 Uhr*
Bar in Saint-Géry, die man nicht umgehen darf: laut, kosmopolitisch, angesagt! In Sommernächten schwappt das »Mappa« auf das Trottoir über und verschmilzt mit zwei anderen Cafés, dem Roi des Belges und dem Zébra.

**Cartagena** (**C** D5)
→ *Rue du Marché-au-Charbon, 70; Tel. 02 502 59 08, Di–So 20.30–8 Uhr*
Rumba, Merengue, Bachata, Pachanga...Eine authentische südamerikanische Bar, auf deren Tanzfläche nicht nur die Stammbesucher bis in den Morgen hinein völlig entfesselt tanzen. Salsa-Kurse: 20 Uhr.

**Beursschouwburg** (**C** D4)
→ *Rue A. Orts 20/28*
*Tel. 02 550 03 50*
Das »Beurs«, Kulturzentrum der flämischen Gemeinde, wurde 2003 wiedereröffnet. Es bietet Theater-, Tanz- und Vortragsveranstaltungen, Ausstellungen im Untergeschoss und Konzerte im Café.

## Einkaufen

**Stijl** (**C** C3)
→ *Rue Antoine-Dansaert, 74*
*Tel. 02 512 03 13 Mo–Sa 10.30–18.30 Uhr*
Das wegweisende Geschäft der Rue Dansaert rückt belgische Designer, vor allem aus Antwerpen, in den Mittelpunkt. Im ersten Stock Abverkauf von Auslaufmodellen.

**Christa Reniers** (**C** C3)
→ *Rue Antoine-Dansaert, 29*
*Tel. 02 510 06 60, Mo–Sa 10.30–13, 14–18.30 Uhr*
Glamouröser Schmuck aus Gold und Silber, mit viel Talent entworfen von Christa Reniers: Kette, Ringe und Ohrringe.

**Espace Bizarre** (**C** C4)
→ *Rue des Chartreux, 17/19*
*Tel. 02 514 52 56 Mo–Sa 10–19 Uhr*
Dekorationsobjekte, Geschirr, Lampen, Stühle – alles in klarem, schlichtem Design und kräftigen Farben. Futons und japanische Betten.

**Privejoke** (**C** D5)
→ *Rue du Marché-au-Charbon, 76/78*
*Tel. 02 502 63 67, Mo–Sa 11–19, So 14–19 Uhr*
Das Paradies aller Modefreaks, egal ob Mann oder Frau: Junge Mode, Streetwear oder etwas fetziger, teils wirklich schräg.

**Volkstümlich und lebensfroh zeigt sich das Quartier des Marolles. Auf seinem legendären Flohmarkt treffen sich zwischen den Ständen Flaneure und echte Sammler. Ab und zu hört man Gesprächsfetzen in *brusseleir,* dem Dialekt der Marolles. Hinter der einstigen Stadtbefestigung entdeckt man in Saint-Gilles und Ixelles wahre Schätze: Jugendstilgebäude säumen die Straßen; der noblen Avenue Louise stehen kleine, fast dörflich wirkende Plätze und Märkte gegenüber; zu Füßen des modernen Gebäudes Flagey überrascht ein idyllischer Teich. Nachts wird es in den vielen Studentencafés und edleren Bars lebendig.**

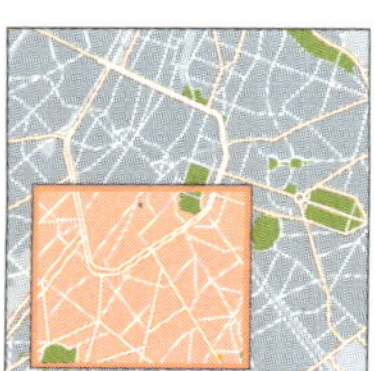

KHNOPFF

LES LARMES DU TIGRE

## RESTAURANTS

**Bar Parallèle** (**D** E2)
→ *Place Fernand-Cocq, 27/ Ixelles, Tel. 02 512 30 41, Mo–Sa 10–1, So 17–1 Uhr*
Einfachheit ist Programm – in der Ausstattung ebenso wie bei der Küche dieses belebten Cafés: riesige Salate, Hacksteak, Tartar mit Pommes Frites und Maes-Bier vom Fass. Gerichte 7–13 €.

**La Grande Porte** (**D** C1)
→ *Rue Notre-Seigneur, 9 Tel. 02 512 89 98; Mo–Fr 12–15, 18–2 Uhr, Sa 18–2 Uhr*
Man betritt dieses Restaurant durch das große Wagentor und stößt im Innern auf eine Dekoration mit leicht nostalgischem Touch: Alte Plakate, traditionelle Küche... Besondere Spezialität: Ballekes à la marolienne, Fleischklößchen mit Tomate. Gerichte 11–14 €.

**Les Larmes du Tigre** (**D** C2)
→ *Rue de Wynants, 21 Tel. 02 512 18 77, Mi–Fr, So–Mo 12–14.30, 19–22.30 Uhr; Sa 19–22.30 Uhr*
Zwischen Sonnenschirmen und Buddha-Statuen wird man hier förmlich auf eine Reise nach Thailand entführt. Sonntags Büffet. Gerichte 12–16 €.

**Au Stekerlapatte** (**D** C2)
→ *Rue des Prêtres, 4 Tel. 02 512 86 81 Di–So 19–1 Uhr*
In einem kleinen Gässchen gelegen und seit 25 Jahren ein Klassiker in den Marolles. Der Brüsseler Bloempanch ist immer köstlich: Gebratene Blutwurst mit karamellisierten Kartoffeln. Zum Dessert warme Pflaumentorte. Gerichte 12–17 €.

**Khnopff** (**D** D3)
→ *Rue Saint-Bernard, 1/ Saint-Gilles; Tel. 02 534 20 04, Mo–Sa 12–14.30, 18–1 Uhr, Sa bis 2 Uhr*
Für alle Schicken und Trendbewussten die Restaurant-Bar-Lounge. DJ-Einsätze, Jazz-Atmosphäre, leichte Küche aus aller Welt: von Hummer-Ravioli über Tartar von rotem Thunfisch bis hin zur Bio-Poularde. Gerichte 16–22 €.

## CAFÉS

**Moeder Lambic** (**D** B4)
→ *Rue de Savoie, 68/Saint-Gilles, Tel. 02 539 14 19 tägl. 16–4 Uhr*
Ein kleines, gemütliches Estaminet, das bis früh morgens geöffnet hat. Genug Zeit also, um

LES SALONS DE L'ATALAÏDE

BELGA

PASSAGE 125

einige der 400 belgischen Biersorten zu probieren, die auf der Karte stehen, und in einem alten Comic zu blättern.

**Les Salons de l'Atalaïde** (**D** D3)
→ *Chaussée de Charleroi, 89/ Saint-Gilles,*
*Tel. 02 534 64 56,*
*tägl. 19–2, Fr–Sa bis 4 Uhr*
Über dem Restaurant im Erdgeschoss überrascht im Kerzenlicht eine zauberhafte Bar-Lounge, halb orientalisch, halb im Kolonialstil eingerichtet. Sessel und Sofas auf dicken Teppichen, sanfte Musik und explosive Cocktails.

**L'Amour Fou** (**D** E3)
→ *Chaussée d'Ixelles, 185/ Ixelles, Tel. 02 514 27 09*
*tägl. 9–2 Uhr*
Die ausgelegten Zeitungen kann man sich entweder mit auf eines der weichen Sofas oder an einen der Tische nehmen.

## Bars, Clubs

**Havana** (**D** C2)
→ *Rue de l'Épée, 4*
*Tel. 02 502 12 24*
*Di–Do 19–4, Fr–Sa 19–7 Uhr*
Lateinamerikanische Bar auf zwei Ebenen. In lockerer Atmosphäre genießt man unter der Woche einen Mojito oder eine kubanische Zigarre, während es am Wochenende bis zum frühen Morgen richtig brodelt. Mittwochs Konzerte.

**Bazaar** (**D** C2)
→ *Rue des Capucins, 63*
*Tel. 02 511 26 00, Di–Sa 19.30–0, Fr–Sa 19.30–4 Uhr*
Hinter dem schlichten Eingang der früheren Lagerhalle öffnet sich ein großer Raum. Dort legt am Wochenende ein DJ Disko-, ein wenig Techno- und andere Musikstile auf. Im ersten Stock: Restaurant und eine von einem Heißluftballon überragte Bar.

**Fuse** (**D** B2)
→ *Rue Blaes, 208*
*Tel. 02 511 97 89,*
*Sa 23–7 Uhr*
*Der* Techno-Tempel in Brüssel. Laute Musik, minimalistische Einrichtung, überhitzte Räume und wilde Feten! Im ersten Stock mixen DJs House-Musik. Einmal im Monat So Schwulenparty mit La Démence.

## Kulturzentren, Theater

**Flagey / Belga** (**D** F3)
→ *Place Flagey/Ixelles*
*Tel. Vorverkauf 02 641 10 20, Belga tägl. 9.30–2, Sa–So 9.30–3 Uhr*
Musikdarbietungen und Festivals, Filmvorführungen und Vorpremieren. Ein bunt gemischtes Publikum füllt das Café Belga im Erdgeschoss.

**Théâtre Marni** (**D** F3)
→ *Rue de Vergnies, 25/ Ixelles, Tel. 02 639 09 80*
Neben dem abwechslungsreichen Programm (One-Man-Show, Theaterstücke, Konzerte) tritt hier im Winter jeden Montag die Ligue d'impro belge mit Improvisations-Wettkämpfen auf.

## Einkaufen

**Passage 125** (**D** C1)
→ *Rue Blaes, 125*
*Tel. 02 503 10 27,*
*tägl. 10–17.30 Uhr (Mo, Mi, Fr 17 Uhr)*
Ein riesiges Sammelsurium, angeboten von Trödelhändlern auf vier Etagen. Hier gibt es wirklich alles, und man kann sich bei einem Rundgang herrlich amüsieren: Teppiche, Möbel, Skulpturen, Gemälde, Schreibmaschinen, Akkordeons, aber auch Badewannen, Bügeleisen, Fahrräder, Haustüren und sogar Boote! An- und Verkauf.

**Serneels** (**D** D3)
→ *Avenue Louise, 69/ Ixelles, Tel. 02 538 30 66*
*Mo–Sa 9.30–18.30 Uhr*
Eine Wunderhöhle voller Spielzeug! Plüschtiere, Holzmarionetten, Puppengeschirr, Spiele, Puzzles... Insgesamt mehr als 20 000 Artikel! Für Erwachsene gibt es Schachspiele und Ähnliches.

**Dujardin** (**D** D3)
→ *Avenue Louise, 86*
*Tel. 02 512 75 75*
*Mo–Sa 10–18.30 Uhr*
Hübsche Mode für Kinder bis zehn Jahren: bunte T-Shirts, elegante Sandalen, Kleider mit Blumendruck und sogar Hemden und Westen wie die »Großen« sie tragen!

**Olivier Strelli** (**D** D3)
→ *Avenue Louise, 72/ Ixelles, Tel. 02 512 56 07*
*Mo–Sa 10–18.30 Uhr*
Der berühmteste belgische Couturier. Zeitgemäße Prêt-à-Porter-Mode, für die Damen sehr farbig, bei den Herren eher gedeckt.

**La 7e Tasse** (**D** E4)
→ *Rue du Bailli, 37/Ixelles*
*Tel. 02 647 19 71*
*Di–Sa 11–19 Uhr*
Den kleinen Laden erfüllt der Duft von 180 verschiedenen Teesorten aus aller Welt. Es gibt moderne oder klassische Samovars, Tassen, Teekannen und winzige chinesische Teeservice.

Antiquitätengeschäfte, Kunstgalerien und edle Konditoreien verleihen dem Viertel Sablon, das auf einem ehemaligen Sumpfgebiet errichtet wurde, eine leicht aristokratische Note. Weiter nördlich zwischen Ober- und Unterstadt führen die Straßen des Mont des Arts zur Place Royale mit ihren berühmten Museen und dem Königspalast. Hinter den Nobelboutiquen an der Porte de Namur beginnt das afrikanische Ixelles: Afrolook, Krämerläden aus aller Welt und orientalische Restaurants bestimmten das Bild rund um die Straßen Longue-Vie und de Wavre im Viertel Matongé. Nahebei lockt das Viertel Saint-Boniface mit vielen charmanten Cafés in den Straßen rund um die Kirche.

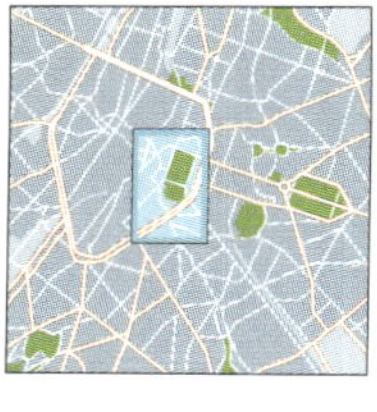

ANARKALI

BIBERIUM

## RESTAURANTS

**Anarkali** (**E** D6)
→ *Rue Longue-Vie, 33/ Ixelles, Tel. 02 513 02 05 tägl. 12–14.30, 18–0 Uhr*
In dieser indisch-pakistanischen Kantine ist das Prinzip ganz einfach: Jeder isst, soviel er kann! Das Büffet bietet 18 orientalische, stark gewürzte Schmorgerichte. Menüs 12 € bis 14,50 €.

**Biberium** (**E** B2)
→ *Cantersteen, 55 Tel. 02 502 52 25, Mo–Fr 10–1, Sa 18.30–4 Uhr*
Nahe bei den Museen liegt das Restaurant, das gleichzeitig auch Bar und Diskothek ist. Französische Küche, aber auch exotische Gerichte mit rotem Curry oder Kokosmilch. Mittagsmenü 11 €. Gerichte 9,50–17 €.

**Un peu beaucoup** (**E** D6)
→ *Rue de la Paix, 22/Ixelles, Tel. 02 503 22 36 Mo–Fr 12–14.30, 19.15–23, Sa 19.15–23 Uhr*
»Essen in tausend Variationen!« Das Motto der jungen Besitzerin Line passt zu ihrer Küche: Frische, den Jahreszeiten entsprechende Zutaten. Vorschlag für Feinschmecker: Der gemischte Vorspeisen- oder Dessertteller (dabei unter anderem Spekuloos-Tiramisu mit Orangenblüten). Gerichte 10–15 €.

**Saint-Boniface** (**E** D6)
→ *Rue Saint-Boniface, 9/ Ixelles, Tel. 02 511 53 66 Mo–Fr 12–14.30, 19–22 Uhr; Fr bis 23 Uhr*
Hier kommt französische Küche auf den Tisch: Aquavit aus Burgund zum Apéritif, danach Dauphiné-Ravioli und Innereien nach einem Rezept aus Caen. Zum Nachtisch köstliche Dörrpflaumen in Armagnac mit Nusseis. Gerichte 15–17 €. Menü 29 €.

**La Tour d'y Voir** (**E** A4)
→ *Place du Grand-Sablon, 8; Tel. 02 511 40 43, Di–Fr 12–14, 19–22.45 Uhr; Sa und So 19–22.45, Sa bis 0 Uhr*
Über eine kleine Treppe gelangt man in die zu einem Restaurant umgestaltete romanische Kapelle. Ein Ort mit einzigartiger Küche: Überraschungsmenüs, vom Chef nach Stimmung und saisonalen Angeboten auf dem Markt zusammengestellt. Gerichte 16–26 €. Menüs 10–55 €.

## CAFÉS

**Le Pain Quotidien** (**E** A4)
→ *Rue des Sablons, 11 Tel. 02 513 51 54, Mo–Fr*

PAIN QUOTIDIEN

LOUISE GALLERY

SENSES

*7.30–19, Sa–So 8–19 Uhr*
Eine sehr beliebte Bäckerei mit einigen Plätzen zum Frühstücken oder zur Kaffeezeit. So Brunch. Rund um einen großen Holztisch kann man Hefezopf, flache Obstkuchen, aber auch Quiches und Käseteller genießen.

**Chez Richard** (**E** A4)
→ *Rue des Minimes, 2*
*Tel. 02 512 14 06*
*Mo–Do 7–1, Fr–Sa 7–4, So 9–23 Uhr*
Eine winzige volkstümliche Kneipe in nobler Umgebung. Getränke und kleine Gerichte zu moderaten Preisen. Am Wochenende kommen statt der Kartenspieler die »Lebemänner«, die noch immer wie in den 1970er und 80er Jahren aussehen!

**Le Grain de Sable** (**E** A4)
→ *Place du Grand-Sablon, 15/16; Tel. 02 514 05 83*
*tägl. 8–4, Fr–Sa 8y6 Uhr*
Tag und Nacht belagerte Terrasse, im Sommer fast durchgehend geöffnet. Nachtschwärmer und Frühaufsteher treffen sich hier, wenn das Sablon gerade erwacht.

**L'Ultime Atome** (**E** C6)
→ *Rue Saint-Boniface, 14/ Ixelles, Tel. 02 511 13 67, Mo–Fr 8.30–1, Sa 9–2, So 10–1 Uhr*
Ein lockeres Café für die angenehmen Momente des Tages: das Croissant am Morgen, der Kuchen zur Kaffeezeit, das Bier zum Aperitif oder der abendliche Cocktail...

## BARS, CLUBS

**Conway's** (**E** C5)
→ *Avenue de la Toison-d'Or, 10; Tel. 02 508 12 58, So–Di 12–2, Mi 12–3, Do 12–4, Fr–Sa 12–5 Uhr*
Wer einmal kein Kriek trinken möchte, bekommt in dem alten, ein wenig rau wirkenden Pub ein Guinness oder Budweiser. Die Sportfans, die hier tagsüber die Übertragungen verfolgen, weichen abends einer tanzenden, singenden, bunt gemischten Horde.

**Louise Gallery** (**E** A6)
→ *Galerie Louise (sous-sol)/ Ixelles, Do–So 23–6 Uhr*
Eine Disko voller Glamour: roter Samt, Möbel im Stil Louis XVI, Marmorsäulen. Um die runde Bar herum bewundern sich die Schönen und Herausgeputzten. Groove-Abende (Do), Themenabende (Fr), House- und Electro-Party (Sa), Schwulenkabarett (So).

**Gala** (**E** A6)
→ *Avenue de la Toison-d'Or, 44/Ixelles, Do–Sa 22.30–6 Uhr*
Nahe des Matongé-Viertels gelegener Treffpunkt der Afrikaner, die hier zu Zouk-, Funk- und Reggae-Rhythmen, teils auch zu orientalischer Musik, die Hüften schwingen.

**Sounds Jazz Club** (**E** D6)
→ *Rue de la Tulipe, 28/ Ixelles, Tel. 02 512 92 50, Mo–Sa 22–4 Uhr*
Der König unter den Jazz-Clubs der Stadt genießt hohes Ansehen. Konzerte um 22 Uhr. Teils tendiert das Programm zum Blues oder zu lateinamerikanisch beeinflusstem Jazz.

## EINKAUFEN

**Senses** (**E** A3)
→ *Rue Lebeau, 31*
*Tel. 02 502 15 30*
*Di–So 11–19 Uhr*
Den in Brüssel dominanten Jugendstil ehrt hier ein eigenes Geschäft: Schmuckreproduktionen jener Zeit ebenso wie Deko-Objekte, Geschirr und schöne Bücher über Horta und Kollegen.

**Marché des Antiquités** (**E** A4)
→ *Place du Grand-Sablon*
*Sa 9–18, So 9–13 Uhr*
Unter grünen und roten Planen werden unzählige Antiquitäten dem kritischen Blick der Sammler, Kunstliebhaber und sonntäglichen Spaziergänger präsentiert.

**Wittamer** (**E** A4)
→ *Place du Grand-Sablon, 12, Tel. 02 512 37 42, Mo 9–18, Di–Sa 7–19, So 7–18 Uhr*
Belgiens berühmtester Konditor und Chocolatier. In Nr. 12 gibt es Süßigkeiten und Kuchen, auf der Terrasse und im 1. Stock vor Ort zu verkosten – schick und teuer. Das hausgemachte Eis in Nr. 6 schlägt im Sommer jede Konkurrenz.

**Delvaux** (**E** B5)
→ *Boulevard de Waterloo, 27*
*Tel. 02 513 05 02*
*Mo–Sa 10–18.30 Uhr*
Das berühmte, 1829 gegründete Lederwarengeschäft Delvaux: Handtaschen, Gürtel, Geldbeutel etc. Der »Brillant«, Star der Kollektion, begleitet die schicken Brüsseler schon seit bald 40 Jahren.

**La Borgne Agasse** (**E** D6)
→ *Rue Anoul, 30/Ixelles*
*Tel. 02 511 84 42*
*Mo–Sa 12–19 Uhr*
Ein winziger Buchladen wie aus einer anderen Zeit mit Büchern aus zweiter Hand, einigen belgischen Anarchisten und Philosophen...

F

# Quartier européen / Cinquantenaire

Das alte Quartier Léopold wird heute von den vielen europäischen Institutionen rund um seinen alten Park bestimmt, der das letzte Zeugnis einer vergangenen Epoche ist. Von der Place du Luxembourg bis zum Rond-Point Schumann reihen sich heute seelenlose Straßen aneinander. Ganz in der Nähe, in der Rue Archimède, gibt sich Europa gemütlicher: Bei irischem Guinness oder italienischem Wein mischen sich die europäischen Sprachen. Im Osten liegt der Parc du Cinquantenaire mit seinen Museen; weiter nördlich folgen die vornehmen Appartements des Square Ambiorix und schließlich die volkstümliche Gegend Saint-Josse, in der türkische Restaurants und Verkaufsstände das Straßenbild prägen.

TON TAPAS, MON MEZE

LE THÉORÈME D'ARCHIMÈDE

## RESTAURANTS

**Maison Antoine** (**F** B4)
*→ Place Jourdan/Etterbeek*
*tägl. 11.30–1,*
*Fr–Sa 11.30–2 Uhr*
Die besten Pommes Frites der Stadt! Seit 56 Jahren geht ganz Brüssel zu dieser kleinen Imbissbude auf der Place Jourdan und erobert die Bänke ringsum mit einer der berühmten Papiertüten in der Hand. 28 Soßen, warm oder kalt, stehen zur Auswahl! 1,90 €.

**Ton Tapas, mon Meze** (**F** A2)
*→ Rue de l'Artichaut, 2/*
*Saint-Josse, Tel. 02 230 10 01*
*Mo–Fr 12–15, 19–23 Uhr,*
*Sa 19–23 Uhr*
Aus der Küche strömen türkische Düfte. Ein Genuss sind die Mezze, die man an den gemütlichen Tischen teilen kann. Gerichte 10–15 €.

**Atlantide** (**F** C2)
*→ Rue Franklin, 73*
*Tel. 02 736 20 02*
*Mo–Fr 12–14.30, 19–23 Uhr,*
*Sa 19–23 Uhr*
Ein blau-weißes Haus, das gut nach Griechenland passen würde! Zum Apêritif Uzo oder Tsipuro, danach gefüllte Weinblätter, Tzatziki oder Lammschulter mit Oregano. Dazu gehört natürlich ein Krug Retsina. Gerichte 11,50–13 €.

**Barbanera** (**F** C2)
*→ Rue Archimède, 69*
*Tel. 02 736 14 50*
*Mo–Sa 10–15, 18–23 Uhr*
Ob drinnen oder im idyllischen Garten – hier gibt es eine raffinierte, italienisch inspirierte Küche: Linguine mit Seemuscheln, Fisch mit Meersalz aus Trapani und Trüffel-Gerichte, eine Spezialität des Chefs. Gerichte 11–22 €.

## CAFÉS

**Le Pullmann** (**F** A3)
*→ Place du Luxembourg, 12/*
*Ixelles, Tel. 02 230 15 82,*
*tägl. 8–21 Uhr, im Sommer*
*bis 0 Uhr*
Neben dem Europäischen Parlament reihen sich auf der Place du Luxembourg an Sommerabenden die Café-Terrassen aneinander. Im Pullmann hocken die Stammgäste an der Bar und beobachten das Kommen und Gehen der jungen Geschäftsleute.

**Au Stoemelings** (**F** A4)
*→ Place de Londres, 7/*
*Ixelles, Tel. 02 512 43 74*
*Mo–Fr 11–2 Uhr,*
*Sa–So 17–2 Uhr*
Wortfetzen an der Theke und munteres Geschwätz

TERRASSE

LA BANDE DES SIX NEZ

BEER MANIA

älterer Damen an den Tischen beleben dieses leicht verstaubte Bistro. Kleine Gerichte werden bis 2 Uhr morgens serviert.

**Aux délices de Capoue** (**F** E4)
→ *Avenue des Celtes, 36/ Etterbeek, Tel. 02 733 38 33, tägl. 12–22 Uhr*
Der Eishersteller mit dem besten Ruf in ganz Brüssel: feine Sorbets (Grapefruit, Passionsfrucht) und köstliche Eiscreme (Mandel, Spekuloos, Kastanie, Quark).

**La Terrasse** (**F** E4)
→ *Avenue des Celtes, 1/ Etterbeek, Tel. 02 732 28 51 So–Do 11–0, Fr–Sa 11–1 Uhr*
Sonnige Terrasse direkt beim Parc du Cinquantenaire für die wohlverdiente Pause zwischen zwei Museumsbesuchen. Inneneinrichtung im Jugendstil.

**Le Théorème d'Archimède** (**F** A2)
→ *Chaussée de Louvain, 54/ Saint-Josse, Tel. 02 219 80 19 So–Fr 11–17, Sa 11–19 Uhr*
Ein Café, in dem sich die Bewohner von Saint-Josse zum Plaudern bei einem Minztee oder nach dem samstäglichen Einkaufsbummel treffen.

## Bars, Clubs

**James Joyce** (**F** C2)
→ *Rue Archimède, 34 Tel. 02 230 98 94, Mo–Mi 11–2, Do–Fr 11–7 Uhr, Sa 12–7, So 12–2 Uhr*
Ein kleiner Treuebruch gegenüber dem belgischen Bier ist in diesem typisch irischen Pub mit seinen Kilkenny, Whiskys und Dartspielen erlaubt.

**Dirty Dancing @ Mirano** (**F** A2)
→ *Chaussée de Louvain, 38/ Saint-Josse, Tel. 02 227 39 48, Sa 22.30–6 Uhr*
Kino aus den 1950er Jahren, umgewandelt zu einer Diskothek und legendärer Treffpunkt des Jet-Sets der 1980er Jahre. Seit 2003 haben die Abende mit den besten Hits des Dirty Dancings wieder Schwung in die Glamourdisko gebracht, in der sechs belgische DJs auflegen.

**Claridge/Chez Johnny** (**F** A2)
→ *Chaussée de Louvain, 24/ Saint-Josse, Tel. 02 227 39 52, Fr–Sa 23–6 Uhr*
Für alle, die genug von Strass und Techno haben, gibt es hier kitschige Feten in einem großen Ballsaal aus dem Jahr 1935. Toller Look der Gäste, Hits aus den 1970er und 80er Jahren.

## Theater, Kulturzentrum

**Théâtre 140** (**F** E1)
→ *Avenue E.-Plasky, 140/ Schaerbeek, Tel. 02 733 97 08*
Die Speerspitze der Brüsseler Avantgarde-Szene: Theater, Comedy, zeitgenössischer Tanz...Fragen Sie nach dem Programm!

**L'atelier de la Dolce Vita** (**F** A2)
→ *Rue de la Charité, 37/ Saint-Josse, Tel. 02 223 46 75, Di–Fr 12–17, Sa 14–18 Uhr*
Lesungen, Walzer- und Gospel-Workshops, Café-Theater, Kindervorführungen, Barockkonzerte – ein durch und durch dynamisches Kulturzentrum! In zwei Räumen Dauerausstellungen belgischer Künstler.

## Einkaufen

**La Bande des Six Nez** (**F** A4)
→ *Chaussée de Wavre, 179/ Ixelles, Tel. 02 513 72 58, Mo–Sa 10–19 Uhr*
Ein Comicladen, in dem man Brandneues, aber auch ein altes Heft aus zweiter Hand entdecken kann. Sammler finden hier Seltenes, signierte Zeichnungen und Erstausgaben. An- und Verkauf.

**Beer Mania** (**F** A4)
→ *Chaussée de Wavre, 174/ Ixelles, Tel. 02 512 17 88, Mo–Sa 11–21 Uhr*
Mehr als 400 Biersorten! Trappisten (Leffe, Merdsous) und Lambics, mit Passionsfrucht, Honig oder Apfel aromatisiert. Außergewöhnlich: Poiluchette, Cochonnette und Nostradamus. Mit Probierstube.

**Le Deuxième Souffle** (**F** B1)
→ *Rue Braemt, 15/Saint-Josse, Tel. 02 219 17 70, Mo–Sa 11–18 Uhr*
Das Geschäft wirkt altmodisch, bietet aber eine umfangreiche Sammlung alter Comics – von amerikanischen Heften bis zum Jugendmagazin *Le Journal de Spirou*. Comicsüchtige seien gewarnt!

**Dod** (**F** A2)
→ *Chaussée de Louvain/ Saint-Josse, Tel. 02 219 80 42, Mo–Sa 10–18.30 Uhr*
Das Paradies für Markenklamotten zu unschlagbaren Preisen! Männermode gibt es in Nr. 16, Schuhe in Nr. 21 und 29, Kinderkleidung in Nr. 41 und Damenmode in Nr. 44.

# Verkehrsmittel und Hotels in Brüssel

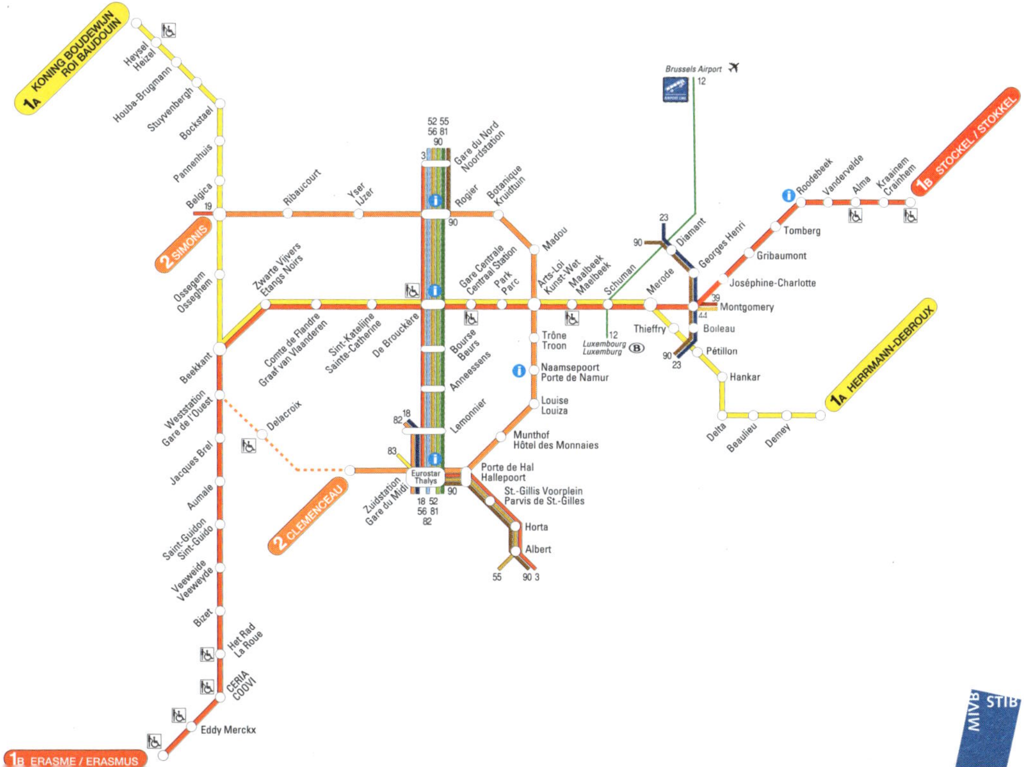

Die Straßennamen und die Namen der Sehenswürdigkeiten sind alphabetisch geordnet. Der erste fett gedruckte Buchstabe dahinter **(A, B, C…)** verweist auf das Stadtviertel und die dazugehörige Karte.

**Straßenregister**